Les feux d'Essaouira

Collection

TERRE D'ENCRE

Illustration de couverture : Sanda Nitesco

Direction éditoriale : Mireille Veyssiere

ISBN 2-84523-072-9
ISSN 1279-7928

- Allah nous a envoyé ce vent pour que nous puissions manger au frais, lui dit Slimane quand il eut terminé son pain et ses dattes.
- Le vent a toujours été là, répondit-elle sans y penser, et il soufflera toujours ici.

Paul Bowles - Un thé sur la montagne

I

Avant Essaouira, il y eut Mogador ; et avant Mogador, Thamusida ; et avant Thamusida, une autre ville encore : Phéniciens et Carthaginois, Romains, Arabes, Portugais – tous ont voulu recouvrir d'un vocable nouveau la cité qu'ils avaient conquise. Mais qu'y avait-il avant les noms, avant la ville ? Peut-être est-ce à ce moment qu'il faut remonter pour écrire. C'était au commencement, lorsqu'Essaouira n'existait pas encore et qu'il n'y avait rien d'autre sur son emplacement que l'eau, le roc, le sable et la lumière. C'était avant que la première parole n'ait été proférée, durant cette enfance du monde dont nous avons tous, un jour ou l'autre, éprouvé la nostalgie. La mer alors respirait librement sous le ciel vide ; nulle digue ne l'entravait, nul rempart : elle montait à l'assaut de la terre et aucun mur, aucun nom ne la contenait. Comment imaginer cela : un monde sans mots, un univers où les choses n'avaient pas été *appelées* ? Il nous semble que le soleil de ce temps-là devait être plus chaud et plus prompte sa lumière. Il nous semble que tout était plus ardent, plus sauvage – les mots ont voilé cette sauvagerie ; nées d'un étonnement premier, les explications ont recouvert l'étonnement. Seul l'océan peut-être, qui mugit là-bas sous le ciel calme, est resté le même : en lui de l'étrange demeure, de l'inhumain qui défie notre capacité d'émerveillement. C'est pourquoi les poètes le chérissent : ils le contemplent et, face à ce mystère qui se dérobe à toute investigation, face à cette puissance qu'aucune parole jamais n'a su domestiquer, ils sentent les mots affleurer comme une marée intérieure, ils éprouvent la naissance du poème. La mer pourtant ne leur fournit aucun signe, n'épouse pas les mouvements de leur âme : elle n'est que cette maison pour l'écume et le souffle ; elle nous donne seulement l'intuition de ce qu'était le monde avant que le langage ait commencé. C'est à cet instant que les poètes remontent pour écrire : le poème est cette parole qui, pour se déployer, doit à chaque fois revenir au temps de l'origine, au silence qui régnait avant le langage et qui lui a donné naissance. C'est le mutisme du monde qui nous a fait parler ; c'est son indifférence qui nous fait chanter.

La nuit, lorsque tout dort et qu'on n'entend plus que le bruit du vent au long des rues, il reste éveillé sur le lit, les yeux mi-clos dans la pénombre. Alors il pense à l'autre ville là-bas, si loin, quand le matin venait et que la joie envahissait l'espace. Il revoit la lumière qui régnait sur l'océan, enveloppait les récifs, accompagnait la danse éternelle des houles. Les navires glissaient le long du bassin du port pour venir chercher la mer, le basculement dans le ciel d'en-dessous : il lui semble qu'en y pensant très fort il pourrait ressusciter l'éblouissement des jours, la baie frangée d'écume, tout un monde d'azur à présent caché derrière les paupières... Essaouira! Ce nom sonne dans l'air comme la lanière d'un fouet. Mais ce qui vient dans la mémoire à travers l'écran éblouissant de la nostalgie n'est aucune image, aucune représentation, c'est la ville même, la femme qu'il a perdue et qu'il tente de recréer par le sortilège des mots. C'est son être tel qu'il lui apparut le premier jour et auquel sont venus se joindre tant d'autres jours, tant d'aubes et de soirs passés entre les murs d'une chambre ou au sommet de remparts. Dehors, tout est opaque et vide, rien n'existe, mais là-bas, de l'autre côté de la mer, une cité blanche et bleue continue de respirer au rythme des palmes que balance le vent du large. C'est sur l'autre versant du songe, sur l'autre bord d'un silence fait d'abîme et d'éther que seul aujourd'hui le poème permet d'habiter. Tels les scaphandriers du temps, les mots plongent à la recherche de la cité engloutie de la mémoire pour en ramener les soleils, les trésors, les fleurs absentes. Ils disent le regret et la merveille qui naît du regret. Ils disent ce qui fut perdu dans le tourbillon du temps, ne reviendra pas et cependant perdure incompréhensiblement, demeure sur un horizon de brume claire. Ainsi, au cœur de la nuit africaine, lui permettent-ils d'accomplir le nécessaire travail du souvenir : fêtes nocturnes de la présence et célébration des mondes qui se sont clos dans la profondeur.

C'est d'abord le vent dont il se souvient : il était violent, il pouvait durer des semaines entières – son souffle incessant dans les palmes et sur les brisants, sa plainte obsédante pareille à la basse continue du temps. Mais lorsqu'il tombait enfin, survenaient des moments d'accalmie adorables, de merveilleux matins. Tout se passait alors comme si une onde de bonheur et de lumière s'était propagée à travers la cité, venant marier chacun de ses habitants avec la beauté. Durant un bref moment, chacun allait par les rues en quête de cet appel ; chacun aurait voulu confier son cœur à ce lointain qui s'était entrouvert. C'était comme un autre vent, mais spirituel celui-là, qui aurait parcouru, libre, les rues et les âmes, les débarrassant de la poussière, de la fatigue du long été ; c'était comme une respiration plus ample et plus profonde : l'irruption bienfaisante du simple au centre de la cité. Et la lumière qui jaillissait du ciel devenait cette vraie clarté qu'aucun savoir, qu'aucune science jamais n'a pu réduire : elle était soudain cette mémoire, cette trace d'un autre temps d'avant le temps, ce signal toujours en venue de l'explosion d'une étoile intérieure. De sa fenêtre dans la médina, il contemplait le déferlement de sa silencieuse marée au-dessus des terrasses, il voyait son souffle divin brasser les palmes des palmiers. Et il comprenait que c'était à lui, à lui seul dans la ville blanche, de la saluer, et de l'accueillir pour ce qu'elle est : clair amour, bonté pure, louange à l'Unique dont les muezzins proclamaient à cet instant la gloire – fidélité à ce qui se tient au centre du silence et d'où, pourtant, procède toute parole. Sans doute les passants qui marchaient en bas, dans la rue, ignoraient-ils son clair poème, le signe de son miracle chaque jour renouvelé ; cependant, sans le connaître, ils l'accueillaient à leur façon et s'en réjouissaient en secret car à eux aussi un regard avait été confié : un soupirail pour l'âme qui leur permettait d'aller joyeux dans le matin liquide, traversant la brume de lait et d'argent qui voilait encore les édifices. Comme lui, ils n'étaient venus que pour *faire ombre*, avancer ainsi, sans savoir, à travers ce rêve très ancien que la lumière a fait pour nous, au matin de tous les matins. N'est-ce pas grâce à elle que nous nous souvenons encore et gardons pieuse mémoire de l'origine ? N'est-ce pas grâce à elle que nous percevons l'appel qui ne cesse de retentir et de se propager dans les ténèbres : le silence amoureux qui, au commencement, a invité les mondes à venir ?

Essaouira, lorsqu'il l'avait découverte la première fois, venant de Marrakech, lui était apparue comme une ville blanche et solitaire au bord de l'océan. Ce n'est qu'ensuite que deux autres couleurs – le bleu des volets, le rose des remparts – s'étaient surajoutées à son impression initiale. La ville elle-même, arrimée à sa presqu'île, faisait le lien entre, au nord, un littoral rocheux et, au sud, une immense plage devenue le paradis des surfeurs. C'était le premier contraste que lui avait offert la cité : des rues où se croisaient femmes voilées sorties tout droit de l'ancien Maroc et jeunes Apollon blonds et dénudés ; comme si se télescopaient là deux mondes qui, nulle part ailleurs, n'ont l'occasion de se rencontrer... L'autre contraste était celui qui l'avait saisi lorsque, après avoir longtemps dérivé par les ruelles de la médina, il avait franchi la porte de la Marine et s'était retrouvé devant le spectacle d'un authentique port breton : Saint-Malo pour les remparts, Le Guilvinec ou Concarneau pour la flottille de pêche. Non, il ne rêvait pas : ces mouettes, cette digue de fort granit, ces petits chalutiers multicolores étaient bien marocains. Il ne lui restait pour s'en convaincre qu'à aller s'asseoir sur un des bancs des restaurants en plein air installés là et de déguster un plat de sardines grillées dont le vent avait porté jusqu'à ses narines le fumet tentateur. Autour de lui, dans des paniers d'osier, l'argent du poisson fraîchement pêché ; au-dessus de sa tête, la ronde criarde des goélands en tout point semblables à leurs frères armoricains. C'était une étrange expérience : il croyait arriver à Aden ou à Dubaï, et, par quelque mystification de la géographie, il se retrouvait à Douarnenez. D'où cette impression, durant les premiers jours, de flottement entre les continents, les époques : Europe et Afrique, modernité et tradition. Au bout de quelque temps elle avait cessé ; mais dans l'intervalle il avait eu le sentiment d'habiter une sorte de cité de conte où cohabiteraient divers aspects, ailleurs étrangers sinon antagonistes, de la planète. Essaouira, pour de multiples raisons, était bien cette ville-là, une agglomération au bord du monde – au bord du gouffre marin comme de celui qu'a creusé dans le temps l'histoire humaine. À Essaouira il fallait oublier un peu ses repères spatio-temporels, éthiques, historiques..., se laisser glisser au long des rues d'une ville qui avaient vu passer Romains et Carthaginois, Arabes et Portugais, juifs, chrétiens, musulmans et les avaient tous accueillis sans trop de bouleversement. Mais l'histoire comme la situation de la ville la prédisposaient à cette tolérance débonnaire qui caractérise les comptoirs marchands.

C'est ainsi que, durant longtemps, Essaouira avait été une cité où la majorité des habitants était de confession israélite. C'était au temps des *toujar-as-sultan*, les "négociants du roi". Le sultan Ben Abdallah, qui voulait faire pièce à Agadir la frondeuse, avait décidé d'attirer dans son nouveau port une population industrieuse et dynamique. Celle-ci allait rapidement devenir une sorte d'aristocratie marchande, essentiellement d'origine juive. Il ne restait malheureusement rien de cette ville-là : suite aux guerres nombreuses du jeune état d'Israël contre ses voisins arabes, les membres de l'antique communauté avaient quitté la ville. Mais, tout en marchant au long des vieilles rues du mellah, le voyageur se plaisait à imaginer Essaouira du temps de sa splendeur, quand elle s'appelait Mogador et que, par l'intermédiaire de ses "toujar-as-sultan", elle commerçait avec le reste du monde. Il se représentait les caravanes transportant l'or, l'ivoire, la gomme arabique, les plumes d'autruche : venues de la mythique Tombouctou, de l'autre côté du désert, elles entraient au Maroc par la vallée du Tafilalet, ou bien par la route de Goulimine qui longe la mer. Il imaginait l'agglomération bourdonnante d'activités, les entrepôts, la foule des porteurs, des courtiers, des négociants, les dromadaires agenouillés dans les cours des caravansérails, les navires à destination de Londres, Amsterdam, Hambourg… Il lui avait fallu chercher longtemps pour retrouver la dernière synagogue, désaffectée, endormie dans ses souvenirs, avec ses bancs, son tabernacle, son horloge venue de Manchester. Les gens qui habitaient aujourd'hui le mellah semblaient tout ignorer de l'origine de leur quartier. Pour retrouver une trace de la communauté qui y vécut, il s'était rendu au vieux cimetière juif en bordure de mer, où les tombes portent des inscriptions en hébreu. C'était le dernier signe tangible d'une présence qui fit pourtant la renommée d'Essaouira ; mais là aussi l'oubli était à l'œuvre, et déjà, à chaque équinoxe, les grandes marées envahissaient les allées de la nécropole, noyaient ses pierres dont bientôt on ne distinguerait plus les antiques inscriptions. *Essaouira juste avant l'oubli.*

Le reste à dire vrai – le jeu des puissances, la mise en place d'un subtil équilibre entre communautés, l'apogée puis le déclin du comptoir swiri – lui importait peu. Ce qui le fascinait ici c'était d'abord une rencontre entre l'homme et l'élément, et comment celui-là parvient, face à celui-ci, à fonder son "habitation poétique", à aménager un lieu de telle manière que, malgré la violence de l'élément, il réussisse à y séjourner dans un moment d'équilibre de son destin. À Essaouira, du fait de la position de la ville au “péril de la mer”, ce séjour, plus qu’ailleurs, n’était jamais garanti. Ainsi, ses habitants, sans beaucoup sortir de l’enceinte des remparts, connaissaient-ils la vie aventureuse du temps, la pure extase de son passage précipité. Essaouira jouait pour eux le rôle d’un pivot et d’une mesure. Sa forte enceinte de pierres rendait possible un intérieur et un extérieur, un ici et un là-bas. Son cercle fini faisait ressortir l’immensité sans bornes de l’océan qui l’entoure, de même que sa clôture obstinée donnait ampleur à l’ouvert du ciel qui la surplombe. Sa permanence au sein du torrent des siècles illustrait l’inexorabilité du temps, la fugacité de la vie des hommes, de leurs sociétés et de leurs croyances. Le front de ses maisons, sa citadelle, ses remparts et sa digue où cognent les tempêtes d'hiver donnaient forme aux éléments qui sans cela n'auraient été que rage et chaos. Essaouira faisait chanter le vent et crépiter la pluie ; les soleils marins soulignaient ses formes nécessaires, "bien dessinées" (l'étymologie du nom d'Essaouira), et les marées venaient battre ses murs, mettant à l'épreuve de leur écume la solidité de leurs fondations. Essaouira ne s'étendait ni ne s'élevait indéfiniment : elle se contenait dans des dimensions raisonnables afin de procurer centre et refuge à ses habitants. La nuit, aucun éclairage excessif ne venait troubler le muet dialogue qu'elle entretenait avec les astres : l'ancienne Mogador se connaissait comme miroir du ciel, ombilic des mondes. Aussi ses habitants se sentaient-ils en charge de toutes choses : du plus infime grain de sable au fond du désert comme de l'étoile la plus lointaine. Ils soupçonnaient que le moindre geste, la moindre parole engagent l'univers tout entier. Et le voyageur se demandait si c'était pour cette raison qu'ils étaient spontanément poètes, conteurs, peintres, musiciens – et que leur cité était devenue un centre artistique réputé.

Le soir, il allait prendre un thé place Moulay Hassan, la véritable agora swirie – celle vers laquelle, à la tombée du jour, converge spontanément la foule arabe : une esplanade relativement exiguë où l'on débouche par une étroite ruelle et qui introduit elle-même au port par la porte de la Marine. Quelques terrasses de café, un kiosque à journaux, des palmiers que brassent les alizés : cela suffisait pour en faire l'endroit désigné de tous les rendez-vous, à commencer par celui que se donne chaque soir Essaouira à elle-même. C'était là en particulier que se rencontraient en une joyeuse mêlée autochtones et visiteurs, Marocains portant le costume traditionnel et

Occidentaux. C'était là aussi qu'il était possible de retrouver celui ou celle qu'on a croisé sur la plage, ou dans la médina, et qu'on a perdu tout aussitôt. Cela rendait les rencontres swiries moins aléatoires, moins urgentes et pour tout dire moins tragiques : on sait que tôt ou tard on retrouvera la jeune fille entraperçue sous les remparts, ou encore le pêcheur avec lequel on a échangé quelques mots sur le port.

La place Moulay Hassan avait vu défiler bien des célébrités : Charles de Foucauld, Paul Claudel qui déclara que s'il devait être enfermé un jour dans une prison, ce serait la citadelle de Mogador ; Orson Welles qui allait tourner ici une partie de son *Othello*.

La séquence où l'on voit Iago, enfermé dans une cage, être conduit à son supplice était à son sens l'une des plus belles de toute l'histoire du cinéma. Elle présentait aussi l'intérêt, pour ceux qui connaissent Essaouira, de retrouver ses remparts et sa citadelle dominant l'océan, génialement saisis dans le mouvement d'un interminable travelling... Dans les années 60 et 70, d'autres visiteurs avaient investi la cité. À la suite de Jimi Hendrix et de quelques stars du rock toute une faune "hippie" avait envahi la ville. Essaouira n'en avait pas gardé un très bon souvenir. C'était tout à coup, en bandes échevelées, l'Occident décadent qui déferlait sur l'austère cité : musique, drogue, sexualité, naturisme, jeunesse à tout jamais "pervertie". À entendre les Swiris tout le mal serait venu de là, aurait commencé à cette époque. Pourtant, là encore, cette vague d'un nouveau genre n'avait laissé que peu de traces. Le voyageur était un jour allé à Diabat, à quelques kilomètres sur la route d'Agadir, village dont ces "clochards célestes" avaient fait leur capitale. Mais il lui avait fallu accomplir un sérieux effort d'imagination pour, dans ce petit douar rendu depuis longtemps au silence et à l'austérité de la pierre sèche, se représenter les grands rassemblements musicaux qui y fleurirent. L'époque de "la route" et du Marrakech Express : sac au dos et guitare en bandoulière, les routards du monde entier s'arrêtaient là, le temps d'une brève halte avant de repartir, qui pour le Sud et ses oasis, qui pour l'Inde et ses spiritualités frelatées. Ici encore, face à ces champs de pierraille et de maquis dévalant jusqu'à l'océan, une étrange nostalgie lui avait serré la gorge.

Qu'étaient devenus ceux qui, il y a trente ans, croyaient avoir retrouvé, pour reprendre l'expression rimbaldienne, leur condition de "fils du soleil" ? Que leur avait fait le temps ? Hendrix était mort dans une chambre d'hôtel à Londres. Cat Stevens s'était converti à l'Islam. Mais les autres, tous les autres ? Trois courtes décennies s'étaient écoulées et ceux qui s'aventuraient aujourd'hui en ces parages ne pouvaient plus imaginer ce qui avait été tenté là. “Une génération passe, une autre lui succède, et rien ne change vraiment sous le soleil”, dit à peu près l’Ecclésiaste.

Après un temps d’éclipse, Essaouira était de nouveau à la mode. Lorsque pour la première fois le voyageur était arrivé à la porte de Bab Sebag, il avait aussitôt été accosté par des rabatteurs qui lui proposaient selon, un studio, une villa, un “ryad” à louer. Ils lui auraient vendu la ville entière s’ils l’avaient pu. D’anciens boutiquiers étaient devenus des agents immobiliers prospères. Partout on restaurait, on aménageait, on rénovait ou l'on bâtissait. La cité possède, il est vrai – comme disent les technocrates – un "potentiel touristique" hors du commun : la mer et une plage immense, un port de pêche et une pittoresque médina, la proximité de l'Atlas et du désert, un climat tempéré en toutes saisons. Seul point noir : le vent qui souffle quasiment en permanence d'avril à octobre et peut être violent. Il fait certes les délices du véliplanchiste mais chasse irrémédiablement le baigneur vers la rivale, plus au sud d'Essaouira, Agadir, laide et triste, mais mieux protégée des alizés au fond de son golfe. C'était donc le vent qui, pour l'instant, sauvait l'ancienne Mogador de la vulgarité du tourisme de masse. Et l'on pouvait en effet le trouver insupportable lorsqu'il soufflait en une sorte de rafale permanente qui interdit la plage aux modernes adorateurs du dieu solaire ; ou encore, lorsqu'il s'engouffrait dans les rues de la vieille cité, renversant les étalages de fruits de la rue Mohamed Abdallah, faisant claquer les volets, soulevant les voiles des femmes. Il vient de loin, il a couru sur des milliers de kilomètres d'océan avant de buter contre les remparts de la ville. Il fallait le voir quand il fait jaillir l'embrun sur les récifs des îles Purpuraires et à la proue des bateaux qui sortent du port. Ou bien, le soir, quand il mêle en une indissociable nuée l'eau et la lumière, le ciel et la mer. Qui alors aurait pu s'en plaindre ? Qui, à cet instant, ne comprenait qu'il était la présence devenue sensible de l'océan ? À Essaouira, le vent faisait qu'on ne séjourne jamais dans la fadeur et le tempéré, que toute existence au long de ses rues ou au sommet de ses terrasses est confrontée en permanence à l'ardeur, à la puissance de l'élément. D'où l'essence de la cité qui consisterait en un tenir-tête : tenir tête face à l'océan, ses soleils, ses vagues et son souffle, ses tempêtes.

Mais en retour, lorsqu'il tombait enfin, une sorte de puissance plus grande semblait descendre sur l'agglomération : celle d'une paix souveraine gagnée contre la violence ordinaire des éléments, et qui n'est peut-être que la violence suprême : la manifestation d'un pré-potent qui dédaigne d'écraser ses créatures. Quel auteur avait dit que la mer ne lui semble jamais aussi formidable que lorsqu'elle est calme ? Essaouira, quand les alizés cessaient enfin de souffler, illustrait admirablement cette intuition. Soudain, après des semaines de clameur, un silence enchanté descendait sur la médina où plus un volet, plus un drapeau ne claque. Le soleil semblait s'être rapproché et la plage se couvrait instantanément d'une multitude de corps. Chacun savait que cette accalmie n'était qu'une trêve entre deux tempêtes, mais cette pensée, paradoxalement, rendait cette trêve encore plus délicieuse, encore plus adorable : on rêvait qu'elle se prolonge indéfiniment, que jamais plus le vent ne revienne sur Essaouira. On allait loin le long de la plage : jusqu'aux dunes qui ne projetaient plus dans les yeux leur poignée de sable; ou bien l'on se contentait d'aller par les claires et tranquilles rues en écoutant la rumeur de l'océan enfin assagi. Son mufle salé était partout cependant, mais il semblait que, par quelque décret du destin, il avait momentanément décidé d'épargner la ville, de la laisser "souffler" à son tour. Et voici qu'au soir tous descendaient dans les rues pour célébrer cette trêve, traversaient la brume claire venue du large pour rejoindre le port, assister au débarquement du poisson. C'était le moment où la course du soleil paraissait se suspendre : l'astre se reposait au-dessus de l'abîme. Et lui qui avait régné tout le jour au sommet du ciel, voilà qu'il n'était plus que cette sentinelle à l'entrée de la caverne d'une autre nuit venant sur Essaouira.

Lorsqu'ils survenaient enfin, ces moments d'accalmie renvoyaient le voyageur à l'éternité qui s'étend avant l'histoire, avant l'homme, et dont le langage humain n'est peut-être que l'écho lointain. Alors, du haut du rempart de la Skala, il aimait imaginer les temps les plus reculés, quand la mer dormait ainsi sous le ciel vide et que personne ne l'avait nommée. Il aimait imaginer les premiers hommes arrivant sur ce rivage et la découvrant dans la terreur ou l'émerveillement. Qui étaient-ils ? Chasseurs farouches descendus pour quelque obscure raison des monts proches de l'Atlas. Ou pasteurs nomades remontant vers le nord en quête de nouveaux territoires. Peu importe. Ce qui l'intéressait, ce qui le fascinait, c'était ce moment où l'océan avait soudain été en vue : avant toutes choses, avant la science, le savoir, la technique, avant même les dieux, il avait dû y avoir ce *thambos*, cet étonnement premier dont Platon dit qu'il est la condition de toute philosophie. La mer était devant eux comme un songe, le signe du mystère, l'inconnaissable du monde à portée de main. Et d'abord ils avaient tendu le doigt, ils s'étaient montré en criant ce qui était au loin, infiniment puissant et dédaignant de les écraser. Peut-être étaient-ils restés pendant plusieurs jours, plusieurs semaines à distance respectueuse. Peut-être même ne s'étaient-ils jamais avancés : ils avaient vécu là sans oser poursuivre, et ç'avait été leurs enfants qui s'étaient approchés, étaient devenus pêcheurs, marins, commerçants. Le premier mot qui avait dit la mer n'avait d'abord été que la saisie craintive du lointain et s'avancer vers elle un cheminement de l'esprit. Tel est le mouvement de la pensée : surgie du silence d'une première stupeur, elle ne se déploie que bien plus tard, à la tombée d'un soir de la présence dont elle n'est que le mélancolique constat. Car l'homme ne peut nommer que ce qui est déjà presque mort : ce qui repose sans vie dans la main du chasseur de l'être. Mais pour ceux qui l'avaient découvert ce jour-là, lisse comme une soie sous l'autre soie du ciel sans nuées, pour ces êtres de l'extrême-matin, l'océan avait dû rester longtemps ce dieu accordant tour à tour rigueur ou douceur, bienfaits ou calamités – la bouche d'où surgissaient selon, le vent et les nuages, le beau temps et la tempête, et où chaque soir le soleil regagnait sa grotte marine. L'élément sans faille, sans chemin, vers lequel d'abord on ose à peine lever le regard, la divinité que muettement on contemple, adore, mais dont on n'approche pas, qu'on laisse encore en partage au lointain parce que le temps n'est pas venu d'une saisie, parce que les mots pour le faire n'ont pas été trouvés. Et la mer alors demeure pour longtemps cette *présomption de l'esprit.* Nul ne l'invoque bien que sa présence, par l'intermédiaire de ce vent ailé, "alizé", soit déjà parmi nous ; mais cette présence est encore trop neuve, trop forte, trop sacrée. La nommer serait blasphémer, et s'attirer sans doute les pires calamités.

Il faut attendre, camper là, faire des fils d'où surgira peut-être un jour – demain ou dans mille ans – un poète qui inventera le mot pour apprivoiser tout cet inquiétant de l'océan. Et peut-être, à chacun des instants de notre vie, sommes-nous comme ces premiers hommes arrivés en vue d'un autre monde, d'une autre histoire, mais qui restent à distance parce qu'ils ne savent pas dire ce qu'ils ont devant eux, parce qu'ils ne savent pas s'approprier ce qui, pourtant, est déjà à eux. Ils ont infiniment erré au désert, infiniment espéré ce moment où le royaume est en vue ; et voilà qu'ils vont mourir sur place, parce que le mot pour venir l'habiter ils ne l'ont pas. Ce sont toujours les paroles qui font défaut – à chaque moment, à chaque époque il manque un poète… Celui, en tout cas, qui accompagnait le voyageur tout du long de son séjour à Essaouira était Charles Baudelaire, notamment celui de La Vie antérieure :

Les houles en roulant les images des cieux
Mêlaient d'une façon solennelle et mystique
Les tout-puissants accords de leur riche musique
Aux couleurs du couchant reflété par mes yeux.

Tout était là, dit en quelques vers génialement déroulés : la mer et le ciel, le soleil couchant et les yeux des mortels ; et l'accord musical qui naît de leur confrontation amoureuse. Il se disait que la poésie, en ses cadences les plus nobles, n'a peut-être d'autre but que de rassembler ainsi, en quelques mots, un monde avec ses astres et ses gouffres, ses soleils et ses créatures. Peut-être n'est-elle que la couronne sonore de ce que les Grecs appelaient un "cosmos" : la parure de l'être. À Taroudannt ou à Marrakech, c'était plutôt Saint-John Perse qui l'avait accompagné. Ici, il lui préférait la métrique régulière de l'auteur des Fleurs du Mal, peut-être parce que, sans cesse confronté aux assauts de l'élément, il avait plus qu'ailleurs besoin de la forme stable – que ce soit celle d'un rempart ou d'un alexandrin ; tout ici, face à l'in-forme qu'était la mer (qui a toutes les formes), exigeait la concentration, la solidité, la rigueur. L'océan n'était rien par lui-même : tout au plus un miroir du ciel, une masse liquide que sculptent les astres ou la lune, que colorent les aubes et les soirs. Il n'était qu'une matière, un motif. Mais justement pour cette raison, il aspirait à son contraire : la forme stable, le roc immuable contre lequel il va se fracasser et, dans cet assaut, jouir de son être éternellement mouvant. Et la ville humaine alors, avec sa digue de pierres, ses remparts orgueilleux, sa forte citadelle n'était là que pour illustrer ce combat incessant, le porter au visible, au sonore de la langue.

Mais si sa vie ressemblait à celle de ces nomades, il ne se considérait nullement comme l'un d'entre eux. Il cherchait un lieu dans le monde, un endroit qu'une fois découvert il n'aurait plus à quitter – où il pourrait résider tranquille, en ayant réglé son compte au lointain, à son appel irrépressible. Il avait toujours rêvé qu'un jour il arriverait quelque part – peu importe où – et qu'il saurait que c'était là le lieu qui, de toute éternité, lui était destiné. Il n'aurait plus alors qu'à poser ses bagages et à vivre sous le ciel. Cela n'était encore jamais arrivé : tous les pays, toutes les villes où il avait séjourné, au bout de quelque temps, par quelque ostracisme mystérieux, l'avaient expulsé, contraint à reprendre sa route perplexe. Aucun, en tous ses voyages, ne lui avait donné le signe qu'il attendait pour enfin s'arrêter et se reposer. Au contraire, à chaque fois, quelque chose l'avait averti que ce n'était pas ici qu'il devait le faire, et il était reparti, avait repris sa recherche obstinée à la surface de la terre. À Essaouira la voix intérieure qui devait lui chuchoter : "C'est ici, tu es arrivé" n'avait pas encore parlé ; mais, en contrepartie, la petite cité ne lui avait donné non plus aucun indice contraire. Il savait que, si un jour il découvrait ce lieu qu'il cherchait, celui-ci ressemblerait probablement à l'ancienne Mogador, peut-être à cause de cette façon qu'avait la ville de se tenir à la fois au centre et au bord du monde – de camper sur la mystique frontière qui sépare séjour et désert, humain et inhumain, et de tenir bon en une telle exposition aux deux terribles que recèle la planète : l'océan des dunes et l'océan des vagues. Il n'aurait pu résider en quelque "milieu" trop tempéré, trop fade de l'univers : il avait besoin, chaque fois qu'il ressortait, de se confronter à un illimité, quel qu'il soit. Il n'aurait pu vivre sans cette force qu'ici l'océan lui communiquait, sans ce ciel immense, profond, pareil à une autre baie où les fenêtres de la ville se désaltéraient le soir – sans ce vent qui le renvoyait à son essence d'être mortel. À ses yeux, toute grande culture humaine ne s'élaborait que dans un tel rapport avec ce qui la dépasse – parfois l'écrase –, parce qu'alors cette culture, cette civilisation, pour survivre à cette épreuve, traverser indemne le feu ou l'eau, était contrainte d'approfondir toutes les puissances d'affirmation de la vie, de les illustrer en chacune de ses multiples et quotidiennes facettes.

II

C'est au cours d'une de ses promenades, comme il longeait le rempart de l'avenue Oqba Ben Ali pour gagner sa chambre dans la médina, qu'il l'avait croisée. D'abord, ç'avait été un simple échange de regard – deux êtres qui se jaugent un instant puis que la pudeur fait s'écarter aussitôt, non par défiance mais par crainte au contraire de la puissance silencieuse qui les pousse l'un vers l'autre. Elle portait ce jour-là la robe longue, traditionnelle, des femmes de la ville, et, à cause de ce détail, il l'avait prise pour l'une d'entre elles. Mais non. Lorsque, quelques jours plus tard, il la revit à une terrasse de la place Moulay Hassan, elle était vêtue à l'occidentale : jean et tee-shirt qui révélaient des formes pleines, déjà mûres. Ils avaient pris langue autour d'un thé et sa méprise avait fait rire la jeune femme. Non, elle n'était pas marocaine, quoiqu'originaire de ce pays et plus exactement de l'ancienne communauté juive de cette ville où elle avait pris l'habitude de séjourner. En vérité elle était née à Paris mais avait été élevée dans les récits de grand-parents qui ne cessaient de l'entretenir d'une ville et d'une époque merveilleuses : Mogador avant qu'elle ne devienne Essaouira. C'est ainsi qu'un jour, débarquée par le bus de Casa, elle s'était retrouvée arpentant le rempart de la Skala. Et tout de suite elle s'était sentie chez elle dans cette cité poussée comme une fleur sauvage au bord du gouffre marin. Mais pourquoi ce déguisement ? Elle lui expliqua que lorsqu'elle mettait ses vêtements européens, elle était abordée par des hommes qui s'imaginaient pouvoir la séduire. Porter le costume traditionnel était la seule manière qu'elle avait trouvée pour n'être pas importunée… Ce jour-là, il n'osa lui dire qu'il la préférait en marocaine : qu'il avait toujours rêvé, sans jamais s'y risquer, d'entrer en contact avec une de ces femmes qu'il voyait passer, discrètes et silencieuses, au bas de son hôtel. Elles étaient comme un autre monde à sa proximité, la promesse de voluptés nouvelles et le moyen en même temps de pénétrer un jour ce continent nouveau et mystérieux où il n'avait fait que mettre le pied. Il n'osa lui dire aussi que, dans ce jeu entre l'étrange et le familier qu'incarnaient pour lui les musulmanes, elle allait devenir une médiatrice : la figure déléguée par tout ce lointain de culture pour l'initier à ce qu'il brûlait et redoutait à la fois de connaître.

Dans les jours qui suivirent cette première conversation, ils se revirent sur le port ou aux terrasses de la place Moulay Hassan, puis bientôt se donnèrent des rendez-vous dans les dunes, tout au bout de la plage. Le vent s'était levé, protégeant leur intimité en chassant baigneurs et véliplanchistes. Sans rien montrer de ce qui les poussait l'un vers l'autre, ils se confiaient infiniment, se disant leurs espoirs et leurs craintes. Ainsi lui parlait-il de sa vie en Europe dans une de ces immenses agglomérations qui grondent sous le ciel vide. Il lui racontait (comme si elle ne les connaissait pas !) ses journées de là-haut : le réveil sans joie dans les matins froids, le café vite avalé au bord du zinc parmi les autres esclaves suant la peur, la veulerie. Puis les heures de transport, de bureau, la course sans fin qu'était un jour ordinaire : pour attraper un métro, finir un travail, ne pas manquer un rendez-vous. Il voulait se reposer, s'ouvrir à une autre existence faite de beauté et de lenteur. Il soupçonnait les gens autour de lui d'habiter sans rien dire une sphère parfaite dont on l'avait, lui, expulsé ; de résider au centre d'un cercle simple où tout se tenait à la juste distance. Mais en habitant Essaouira il comprenait mieux les choses ; et par exemple la fascination qu'exerçaient certains lieux sur lui : une cité au fond de sa baie ; une fenêtre ouvrant le soir sur la mer et le ciel. Oui, peut-être en venant ici avait-il trouvé l'endroit qu'il recherchait depuis si longtemps : le séjour à mi-chemin d'ennui et de merveille, sur la ligne de crête qui sépare les deux versants de l'extase et de l'horreur de vivre.

Ils poursuivirent leurs entretiens, leurs promenades le long de la mer, pareils à deux amis qui ont décidé de passer l'été ensemble pour distraire leur solitude. Le vent ne cessait de souffler. Lorsqu'il devenait trop fort, ils restaient à l'abri des murs de la vieille ville, explorant avec bonheur ses rues, ses souks, ses galeries de peinture. Elle l'initia à ce mouvement pictural apparu dans la petite cité et que plus tard, peut-être abusivement, on appellerait "école d'Essaouira". Il était encore à ses débuts et la jeune fille se proposait de le faire connaître à Paris. En commentant chaque tableau à son compagnon, elle peaufinait le discours qu'elle servirait aux galeristes de la capitale.

Un jour, galerie Frédéric Damgard, on leur montra un petit tableau d'un artiste inconnu : la rentrée des pêcheurs à Essaouira, traitée en une facture à la limite de l'abstrait et dans une dominante de bleu. C'était ce bleu qu'il avait aimé d'abord, qui avait retenu son attention – comme si l'on mettait soudain à sa disposition un morceau tout frais de monde, de mer, mais un morceau qu'on pouvait emporter partout, mettre dans une valise, accrocher à n'importe quel mur de n'importe quelle chambre. Puis, regardant mieux le tableau, il avait vu des formes en surgir, des maisons, des barques, des personnages venir à sa rencontre comme issus de la profondeur picturale. Et quelque chose alors avait commencé de naître en lui, quelque chose qui n'était pas encore une émotion mais qui, il le sentait, faisait son chemin à des distances insoupçonnées. Qu'est-ce qui le fascinait en ce petit panneau ? C'était comme si une énigme lui avait été proposée ; et tant qu'il n'aurait pas mis un nom sur celle-ci, il ne pourrait en détacher son regard. Il observa mieux. Ce n'était en apparence qu'une vue d'Essaouira, telle qu'aurait pu la peindre un artiste installé dans une barque à quelques encablures du rivage : la ville et son océan piqueté de touches blanches qui étaient selon, des bateaux ou des rouleaux d'écume. Le peintre semblait avoir travaillé en vue de la légitimation attendue dans ce type de marine : faire qu'eau et ville échangent leurs attributs respectifs pour ne plus composer qu'un seul monde. C'est là un procédé classique du genre paysage, qui fait par exemple que, chez un artiste comme Poussin, les palais sur les montagnes sont déjà des nuages et les nuages qui les surplombent encore des palais. De même, tout, dans ce tableau, avait été fait pour parvenir à une telle réconciliation entre cité et océan : les petits bateaux blancs qui étaient des terrasses, les terrasses qui étaient des bateaux. Mais ce n'était pas de cela que venait la fascination qu'exerçait la toile sur lui : c'était encore autre chose, autre chose sur lequel il ne parvenait pas à mettre une explication. Un peu dépité de ne rien trouver, il passa à d'autres tableaux qui reprenaient tous en effet ce procédé de confusion volontaire entre terre et mer. Mais ceux-ci, à nouveau, ne lui faisaient rien, ne déclenchaient rien en lui, prouvant par là que l'effet provoqué par le petit panneau bleu ne venait pas de ce procédé. Il fit lentement le tour de la salle et se retrouva devant le tableau qui l'intriguait tant ; et de nouveau il eut cette impression d'être devant, non pas une œuvre, mais un fragment de monde : comme si, après un long voyage enfermé dans un train, il parvenait devant la mer, ouvrait la fenêtre du compartiment et recevait sur le visage une bouffée d'air marin. Et brusquement il comprit d'où venait cette impression.

Comme dans les autres œuvres de

cette exposition, l'auteur du tableau avait lui aussi préparé la réconciliation attendue entre ville et mer, à la différence près qu'au dernier moment, en peignant plus sombre et précis la ligne des quais et de la digue, il l'avait refusée à son spectateur : il avait séparé sans manières les deux mondes, le terrestre et le marin, chose qui, dans la réalité, ne nous surprend pas – nous savons bien que terre et mer ne sont pas un même pays – mais qui, dans la peinture, nous étonne parce que nous sommes habitués à un procédé devenu la légitimation du genre et que, plus ou moins consciemment, nous l'attendons, le réclamons. Mais ici, l'artiste avait pris de court cette attente : l'œil espérait une réconciliation picturale qui ne venait pas, se suspendait infiniment, comme Essaouira – celle du tableau et celle de la réalité – était suspendue pour l'éternité au-dessus du gouffre marin. Grâce à ce parti-pris le peintre avait su faire venir la cité dans sa vérité toujours neuve – dans la lumière où elle se donne la première fois et qui est celle d'un matin de toute présence. Et quand on regardait le tableau c'était à chaque fois comme si on la redécouvrait… Il n'hésita pas, demanda le prix de l'œuvre et, sans même chercher à le faire baisser, en fit l'acquisition. Puis, une fois sorti dans la rue, il l'offrit à sa compagne.

À une semaine de cet épisode, le vent tomba enfin : après tous ces jours de clameur et de sifflement, un silence enchanté, presque inquiétant, descendit sur la ville. Ce jour-là, ils se retrouvèrent comme à l'habitude dans les dunes au bout de la plage. Le soleil brillait dans tout son éclat et la chaleur était grande. D'un commun accord, pour la première fois depuis qu'ils s'étaient rencontrés, ils décidèrent de se baigner. Les eaux redevenues calmes miroitaient dans la lumière, à peine troublées par des vagues venant sans violence à la côte. Et tout à coup elle fut nue devant lui, la robe longue soudain foulée aux pieds dans le mouvement impératif d'un dévoilement de sa beauté, de sa jeunesse. Muet, il vit ses seins haut-dressés, la forme d'amphore de ses hanches puis ses fesses brunes et rondes lorsqu'elle se retourna pour courir à la mer. Ils entrèrent dans un océan sans rouleaux qui les accueillit et les berça un moment avant qu'ils ne se mettent à nager vers le large. Là, ils s'abouchèrent enfin, lèvres, membres, sexes mêlés dans l'écume et le sel. Ils tentèrent de faire l'amour mais les courants, violents à cet endroit, les en empêchaient. Alors ils revinrent à la côte où ils se firent sécher sur le sable. Ils ne se parlaient plus parce qu'ils savaient désormais ce qui allait advenir, et cette certitude soudain descendue sur eux se passait aisément de mots... Le soir même, ils prirent une chambre à la médina, dans le quartier de l'ancien mellah – pièce blanche et nue, aux volets bleus ouvrant sur des terrasses, un morceau de rempart et d'océan, le ciel immuable. Lorsque cette première fois, après l'amour, ils revinrent à la surface, le crépuscule s'achevait. Ils poussèrent le volet et reçurent sur leurs paupières la dernière lumière, orange, sans origine, du soleil déjà couché. Et il leur parut que le soir d'été était comme la résolution de tous les antagonismes du jour, la couture de deux mondes qui s'étaient affrontés silencieusement au-dessus de la ville. Ils sentirent alors une profondeur s'ouvrir en eux tandis que, venant de la cité grondante, une lame montait à cet instant vers leur fenêtre. Durant un instant, ils devinrent cette vague, firent corps avec cette invisible présence remplissant la chambre. Ce fut un moment de pur équilibre, d'accord vrai, un instant que par la suite ils ne devaient pas retrouver et où, tout à coup, ils n'étaient plus les habitants anonymes d'une agglomération parmi d'autres, mais les citoyens d'un pays sans limite où toutes choses auraient à jamais été tournées vers eux. Et ils comprirent dans quelle vie nouvelle ils étaient entrés sans le savoir : l'existence la plus vide et la plus étrange, celle qui consiste à guetter un signe qui ne vient jamais, à attendre un appel qui se suspend infiniment – et n'être plus à la fin que cette veille et cette attente…

Ils prirent l'habitude de s'aimer durant les longues après-midi de torpeur, lorsqu'au dehors l'activité semble se suspendre et qu'on ne perçoit plus, à travers les volets clos, qu'une rumeur de métiers et de circulation. Le temps alors était pareil à une fleur invisible qui déploierait un à un ses pétales au centre de l'air. Ils se prenaient d'abord lentement, presque avec paresse, puis de plus en plus violemment à mesure que le désir refluait en eux telle une marée. La chambre venait comme une barque surnageant au-dessus de la mer des terrasses – elle était pareille à une nacelle suspendue au-dessus du gouffre de la rue. Oublier, n'être plus que cet instant bien planté où deux âmes se rapprochent inexorablement, se pénètrent, se disent en gémissant tous les secrets de l'univers. Puis ce grand froid du désir foudroyé, ce frisson mortel qui les faisait grimacer et presque pleurer. Après, ils restaient côte à côte dans le lit à fumer, bercés par le grondement presque imperceptible de la cataracte de lumière là-bas tout au bord de l'horizon –

hautes flammes qui ne les dévoraient pas, cyclone silencieux dont ils étaient l'œil et la conscience. De leur couche étroite, ils pouvaient imaginer le feu extérieur, la vague de lumière qui déferlait sans fracas au-dessus des toits étonnés. Ils pouvaient sentir le lointain bondir vers eux du fond de l'espace pour ne s'arrêter qu'à cette mince frontière de verre et de bois. Toute la violence du monde à leur fenêtre close, et eux qui restaient à rêver, à s'aimer dans la moite obscurité. Le crépuscule venait très lentement, s'installait comme un grand oiseau rose qui se serait posé au sommet des tours. Soir d'été à Essaouira : l'année en suspens au-dessus de la ville ; les rues ; les places où le passant poursuit son ombre immense. Les araucarias qui tremblent doucement dans les jardins. Puis la rumeur de la cité entrant dans la nuit : les pas, les conversations tissant de nouveau leur réseau au-dessus des terrasses. Signes que le temps avait recommencé ; bruits qui étaient pour eux comme l'appel à revenir à sa surface, à rejoindre le cours commun des vies et des apparences. Mais pour un instant encore, ils restaient au centre de cette paix, de cet abandon du monde à lui-même, loin de la presse des avenues nocturnes où, un peu plus tard, ils iraient de nouveau.

Le matin, lorsqu'ils s'éveillaient, ils voyaient tout de suite par la fenêtre la mer d'un bleu de bronze, les coques rouges ou jaunes des petits chalutiers sortant du port, un morceau de ciel renversé qui était peut-être encore l'océan. Déjà ils entendaient les appels des marchands de la rue Ben Abdallah, et, derrière, comme une toile sonore, les cris des baigneurs sur la plage. Alors ils se levaient vite, descendaient pour prendre le café au soleil de la terrasse de Bab Laachour, puis, longeant le bâtiment de la douane, ils allaient vagabonder sur les quais où des hommes taciturnes, dans des pantalons retroussés sur des jambes brunes, recousaient inlassablement les filets.

Ils marchaient ainsi jusqu'au bout de la jetée, restant longtemps à regarder la mer, à s'offrir à ses embruns. Sa puissance les remplissait d'énergie, de joie silencieuse. Ce n'était plus la beauté mélancolique des crépuscules, c'était l'affirmation de la force, de la jeunesse du monde. À mesure que le soleil montait dans le ciel, ils sentaient leurs corps se gonfler d'une vie nouvelle, surabondante, que, plus tard, revenus dans la chambre, ils épuiseraient en jouissances excessives. Ils comprenaient que chaque matin est à nouveau le premier matin, quand les choses tremblaient d'être et que la toile de la création était encore humide. Là, face à la mer d'été, c'était comme s'ils avaient été projetés un million d'années en arrière, ou en avant. Cette ville pourrait passer, eux-mêmes un jour disparaître de ce rivage, l'océan, lui, demeurerait, inchangé parce que toujours changeant. Un frisson alors les parcourait, mais ils n'auraient su dire s'il était d'effroi ou de bonheur. Ils avaient atteint un sommet du temps ; et ils ne demandaient rien d'autre que de prolonger cet instant, de l'étirer infiniment sur sa tige claire. À cette heure, il y avait comme une musique autour d'eux, il y avait un tourment qui était le contraire de la tristesse. Ils étaient *vivants*, et il n'y avait d'autre façon de l'être que de se tenir ainsi, sans soutien, face au gouffre de la mer et de l'avenir. Devant eux : l'espace ouvert et pur, la ligne de l'horizon, le liseré d'écume de la plage blonde, l'archipel des îles Purpuraires brillant dans la lumière, posé sur l'eau calme telle une flotte de vaisseaux au mouillage. Derrière eux : les remparts, la forte citadelle et les bouches de bronze de ses canons, les murs blancs de la médina piquetés de volets bleus. Tout cela composait un monde, un lieu ; et ils n'avaient d'autre intention que de l'habiter – mais de l'habiter pleinement, sans crainte ni arrière-pensée. Leur amour n'était qu'un adjuvant – un moyen non une fin. Leur amour était ce qui leur permettait d'aller sans peur vers cette dimension d'inconnaissable, à la fois effrayante et exaltante, que creuse le temps dans l'épaisseur intime du monde.

Un des premiers actes de ce qu'ils appelaient, mi-émus mi-moqueurs, leur "vie de couple" fut d'accrocher dans la chambre le tableau acheté à la galerie Damgard. Avec les jours, celui-ci devint comme le témoin et le gage de leur passion : tant que son petit panneau bleu resterait là, accroché au-dessus du lit, ils ne risqueraient rien. Ils savaient pourtant que l'ennui, les heures ordinaires reviendraient. Mais ils s'étaient accordés l'espace de la saison pour les conjurer.

Le jour, ils faisaient de longues promenades le long de la côte jusqu'à ce que la ville derrière eux ne fût plus qu'une touche blanche dans le paysage. La stupeur ne les quittait pas ; l'étonnement d'être là ensemble et d'avoir laissé derrière eux l'ancienne vie, l'ancien monde aux rues sans surprise. Dans la lumière d'août, ils tremblaient de leur audace, de leur folie consentie. Ils n'avaient aucun projet sinon d'aller tout au bout de l'été, d'endurer passionnément ce temps qui leur était accordé, telle une trêve entre deux combats, deux âges de leur existence. Toutes leurs errances pourtant s'achevaient au bord des eaux vertes du port, comme si quelque aimantation secrète les avait ramenés là. Ils aimaient sa léthargie dans le soleil puis, brusquement, au moment de la rentrée des pêcheurs, son activité trépidante, colorée, et cette métaphore du voyage qu'entretenaient les navires en eux. Mais ils ne voulaient pas penser à demain, à ce moment où la saison finirait : ils ne voulaient faire aucun projet qui assombrisse le pur instant présent. Ils se contentaient d'observer le débarquement du poisson, le frétillement vif-argent des sardines, des dorades bleues – le mouvement saccadé de la gueule d'un congre qui, presque agonisant, cherche encore à mordre. À cet instant, le port était le véritable centre de la vie urbaine ; chacun, qu'il fût riche ou pauvre, oisif ou affairé, s'y rendait. Chacun venait là confronter sa finitude à l'infini de l'océan, confrontation qui, passant par ce débarquement et ce commerce du poisson, prenait alors forme vivante, humaine, langagière : la criée en arabe, les invites des tenanciers de gargotes conviant les touristes à venir déguster dans l'heure les chairs roses et humides jetées sur le gril.

Rouille des bateaux, murs lépreux du rempart, roches grignotées par les lames, djellabas élimées des mendiants, visages burinés des pêcheurs, odeur puissante du poisson mort :

tout ici parlait du temps, de son œuvre lente, inexorable – dans la pierre comme dans la chair –, qu'accélérait encore le sourd travail de sape que l'océan, depuis des siècles, livrait contre la ville. Tout avait le goût du sel et de l'éphémère. Mais, contrairement aux visiteurs étrangers qui les déploraient, les amants aimaient ces signes disant clairement la corruption, la fin annoncée de toutes choses. Ils applaudissaient à la nonchalance marocaine qui, soit par manque de moyens, soit par indolence pure, néglige de les masquer. Ils y décelaient la plus haute sagesse – celle qui pointe le caractère passager de toute permanence, et, au contraire, voit dans le passage même la seule éternité. À Essaouira on laissait les crépis s'effriter et les bois des coques pourrir ; on cherchait à peine à retarder les effets de l'usure ; on n'avait cure de vivre dans un présent éternel, illusoire. Paradoxalement ici, les seules choses toujours neuves étaient les vagues et les nuages, symboles même du devenir. Assis à califourchon sur les créneaux de la Skala de la Casbah, les amants les regardaient surgir du fond de l'horizon, déferler en mousse laiteuse sur les récifs, puis mourir pour tout aussitôt renaître et repartir à l'assaut de la terre. Cette “mer toujours recommencée” (mais on aurait pu dire la même chose du ciel) était un spectacle dont ils ne se lassaient pas : la mesure enfin visible que le monde accorde à l'homme. Le large promenoir de la Skala où les Swiris déambulaient en petits groupes, venait alors comme un balcon – balcon sur l'océan et sur l'infini, leçon ineffable qu'à chaque instant l'Atlantique donne à ses riverains. Petitesse contre immensité. Car tout de suite après le rempart commençait le damier enchevêtré des terrasses : bizarrement, l'homme avait voulu à toute force vivre là, dans la proximité de cette puissance marine qui parfois – aux jours de tempête – explosait tout près, contre les brisants voire la muraille de la cité. Qu'espérait-il en retirer ? Quelle mugissante réponse à ses interrogations ?

Puis, avec la marée basse, aussi rapidement qu'elles étaient montées, les eaux se retiraient, laissant à découvert des rochers et des plages de sable ocre où picoraient les mouettes. Surgissaient alors des troupes de pêcheurs qui, profitant du répit accordé, cherchaient à vite mettre la main sur les coquillages, les crustacés – tous les trésors que les eaux recouvrent généralement, cachent aux regards humains. Magie des grandes marées lorsque, la mer au loin, on pouvait s'aventurer en ces vallées d'habitude submergées, interdites. On y déambulait au long de roches qui suintaient de toutes leurs algues, et, en ces antres humides, féminins, c'était comme si on avait pénétré le sexe même de la mer. On était comme les Hébreux traversant la Mer Rouge, à la fois émerveillés et inquiets du persistant miracle, se demandant si, tout de même, les parois liquides n'allaient pas tout à coup se refermer – à Essaouira, si l'océan n'allait pas revenir au galop furieux de ses cavales. Les ramasseurs de coquillages ne semblaient pas partager ces craintes, ils continuaient à musarder dans la compagnie des oiseaux de mer, attendant le dernier moment pour revenir à la côte et se diriger vers la halle aux poissons où ils vendraient leur récolte.

C'était la vie pauvre et merveilleuse, la vie qui consiste à être sous le ciel comme des fleurs : à en recevoir également les rigueurs et les bénédictions, les souffles et les soleils – et à ne rien attendre d'autre que cette pure exposition au devenir, à ne rien espérer que ce tenir-bon dans le torrent des heures. Il y avait en ce temps-là tout un morceau de ciel consacré à la douleur, et un autre à la joie ; et un troisième pour la seule paresse des anges – ainsi passaient les jours, fuyaient les nuages sur l'horizon de la mer. Puis le soir descendait : c'était cette heure où la brume venue de l'océan remonte le long des récifs, enjambe le rempart, envahit les rues ; l'heure également où chacun, à Essaouira, peut croire en sa chance : que cette nuit dans un des bars de la place Moulay Hassan – chez Driss, à L'Opéra ou parmi les belles boiseries sombres du Café de France – il fera la rencontre qui décidera d'une vie nouvelle. Et, pour quelques instants comme placés en suspension au-dessus d'un cours commun, le cœur bat plus vite, la vie espère, le destin hésite. Mais les amants, eux, n'attendaient rien ; et s'il leur arrivait de se mêler aux petites sociétés qui peuplent les terrasses, c'était en ombre chinoise, pour figurer dans le film du temps, laisser leur trace sur la pellicule du ciel.

Le samedi, une jeunesse dorée venue de Casa, s'essayant maladroitement à imiter celle des banlieues du Nord – jean, tee-shirt, casquette de base-ball, radio tonitruante sur l'épaule – investissait la place. Les amants s'éloignaient alors rapidement, regagnant leur hôtel par des rues humides et sentant la marée. En quelques pas ils étaient loin de cette pauvre fureur. Ils aimaient ces retours au long des venelles étroites, obscures, où parfois s'encadrait dans le trapèze plus clair que découpe l'arête des maisons la mince faucille d'une lune orientale. Ils avaient l'impression délicieuse d'être perdus en quelque labyrinthique cité de conte – la sensation aussi d'en être les derniers, les uniques habitants. Pas un bruit : une fois passé l'excitation du soir, les Swiris se couchent tôt. Rien à cet instant ne les aurait empêchés de pénétrer où bon leur semblait, d'explorer les patios qu'ils devinaient derrière les lourdes portes vermoulues, de grimper au sommet des minarets pour assister au spectacle du clair de lune sur l'océan. Ils longeaient ainsi les grands panneaux de bois bleu des magasins refermés, passaient sous les arcades du souk endormi, empruntaient des passages voûtés qui introduisaient au mystère d'autres rues sombres, d'autres quartiers déserts. Quelle chose étrange que d'être là ensemble dans cette cité étrangère, comme assoupie sous l'effet d'un durable enchantement, et de ne plus entendre que la respiration de la mer, interrompue de temps à autre par l'appel d'un muezzin. Essaouira leur appartenait. Puis la lampe de l'hôtel apparaissait au bout de son impasse, petit feu rose veillant dans le grand silence de la ville. Ils franchissaient alors les derniers mètres, pénétraient dans le patio de faïence et, s'emparant des clefs que leur tendait un portier au visage chiffonné de sommeil, montaient en retenant leur souffle jusqu'à leur chambre haute.

Un matin, ils se rendirent en bateau aux îles Purpuraires juste en face de la baie. Celles-ci, pour protéger les colonies d'oiseaux de mer qui gîtent là, sont théoriquement interdites aux visiteurs. Ils parvinrent cependant, en soudoyant un pêcheur, à ce que celui-ci les menât dans sa barque puis revint les chercher en fin de journée. Lorsqu'ils mirent le pied sur ce territoire inviolé, une sorte de vertige les envahit. C'était là que, plus de deux millénaires auparavant, les premiers hommes, les marins carthaginois avaient débarqué. C'était bien avant qu'il y eut une ville sur la rive en face, bien avant le port et la citadelle, bien avant les touristes et les surfeurs. À cette époque, on recueillait dans l'archipel le murex, ce coquillage dont on extrait la pourpre, couleur réservée aux empereurs. Puis, avec l'abandon de cette industrie, la vie s'était retirée des îles pour émigrer, quelques siècles plus tard, sur le rivage du continent. Pendant un long moment, après que la barque eut disparu, ils contemplèrent Essaouira de l'autre côté de la baie : ses remparts ocres, sa jetée environnée de mouettes, ses terrasses blanches. C'était comme s'ils la redécouvraient, comme s'ils étaient ramenés à cet instant déjà lointain où ils l'avaient vue pour la première fois, arrimée solitaire à sa presqu'île. En même temps, jetés plus loin encore dans le passé, ils essayaient d'imaginer quand elle n'existait pas, quand il n'y avait sur son emplacement que le vide. Le paradis des légendes avait dû ressembler à cela : non quelque oasis au milieu du désert, mais le lieu où toutes choses épanouissaient son être à découvert pour un couple mythique qui ne parlait pas encore – nommait seulement, appelait toutes choses à monter vers sa vérité solaire.

Puis ils s'enfoncèrent dans l'île pour gagner sa façade occidentale ouverte sur le large, la seule immensité d'une étendue liquide désormais sans bord pendant des milliers de kilomètres. Leur avancée faisait lever des colonies d'oiseaux de mer dont ils avaient appris les noms dans le guide : goélands et faucons d'Eléonore. La contrée était déserte, consacrée au seul séjour de ces volatiles peu farouches, seulement étonnés d'être dérangés par des humains. Bientôt ils atteignirent la bordure ouest de l'archipel. Il était déjà midi et le soleil frappait durement. Ils trouvèrent dans une falaise une anfractuosité où ils se glissèrent pour passer le reste de la journée. Au-dessus d'eux il n'y avait que le ciel, en dessous : la mer et sa rumeur ; et il leur sembla qu'ils étaient suspendus dans une nacelle à mi-chemin d'écume et de nuée, un balcon naturel pour le songe et la stupeur. Ils étaient désormais seuls au monde. Personne, hormis le pêcheur qui les avait menés en ces parages, ne se doutait de leur présence, et, s'il arrivait à ce matelot de les oublier, ils vivraient et mourraient là, inconnus du reste de l'univers. Ils n'en avaient cure : il leur semblait toucher, en ce nid de rocaille, leur salaire d'éternité, payé en une monnaie de lumière, de vent et de sel. Ce jour-là ils ne firent pas l'amour : enlacés étroitement l'un dans l'autre, ils se contentèrent de regarder le soleil qui déclinait lentement au-dessus de la mer. Et ce ne fut qu'au moment où, après une lente éternité, il toucha le flot qu'ils se décidèrent à regagner leur camp de base : le marin déjà s'impatientait. Mais c'est au retour, dans la barque dansante au-dessus de la houle, qu'ils comprirent qu'ils avaient atteint le point culminant de leur vie, de leur histoire – qu'ils ne pourraient plus désormais que décliner, comme ce soleil qui, au même instant, disparaissait dans les eaux. Déjà le port et la ville étaient en vue : les derniers bateaux de pêche regagnaient en hâte les quais pour le déchargement du poisson. C'est alors que l'homme s'aperçut qu'ils se trouvaient exactement au lieu et au moment choisis par l'artiste pour peindre cette Vue d'Essaouira qu'il avait achetée à la galerie. Il se retourna vers sa compagne pour le lui faire remarquer, mais il découvrit que son visage était inondé de larmes. Comme il lui en demandait la raison, elle ne répondit pas. L'esquif continuait de glisser sur l'eau, environné des embarcations plus importantes des pêcheurs qui le faisaient tanguer fortement. Ce fut quand ils eurent rejoint la rive que la jeune femme sortit de son mutisme, prononçant alors une phrase que son compagnon ne devait comprendre que bien des semaines plus tard : “Nous aurions dû rester là-bas toujours”.

Une autre fois, ils louèrent une voiture pour explorer la côte rocheuse et désertique qui commence au sud d’Essaouira et descend jusqu’à Agadir. À cause de l’absence de grandes plages et aussi de la violence de la mer interdisant toute baignade, le tourisme n’avait pas encore souillé ce rivage, l’un des plus beaux qu’ils aient jamais visités. Il semblait être demeuré intact, intouché depuis la création du monde : un paradis pour les oiseaux de mer, les anachorètes et les surfeurs. Ils allèrent ainsi jusqu'au cap Rhir, roulant de bonheur en bonheur, perdant soudain la mer pour la retrouver quelques kilomètres plus loin, selon les hasards d'une route précaire, dangereuse, où, bien souvent, lorsqu'on longeait l'abîme des falaises, il fallait rouler au pas. Là, inlassablement, l'océan se jetait à l'assaut de la forteresse minérale de l'Atlas, et leur lutte éternelle avait produit cette côte déchiquetée qui faisait irrésistiblement penser à celle de la Bretagne, le soleil en plus. Eau, roche, air et feu : les quatre éléments étaient réunis, dansant au fond du chaudron des criques, bouillonnant en leur gouffre de granit où se précipitait, avec des mugissements d'orgues, le vent du large. Les eaux étaient tantôt d'un bleu paradisiaque, irréel, tantôt semblaient des émeraudes fondues dans le creuset de ces baies minuscules. C'est au fond de l'une d'elles qu'ils s'arrêtèrent pour déjeuner d'un repas d'olives noires et de daurades jetées sur le gril. Puis ils continuèrent leur route nonchalante ne sachant trop jusqu'où pousser cette descente au sud. Ils n'avaient pas envie de connaître Agadir qu'on leur avait décrite moderne et insipide au fond de son golfe – archétype banal du tourisme de masse. Y passer ne fût-ce qu'une nuit leur aurait paru une trahison vis-à-vis de leur chère Essaouira, sa rivale intime et historique. Pourtant, les paysages extraordinaires qui les entouraient les incitaient à poursuivre, comme si chaque détour de la route était la promesse d'un nouvel émerveillement, peut-être d'une révélation.

À un moment, l'homme prit la main de sa compagne et lui parla : rien, après tout, ne les empêchait de continuer de descendre indéfiniment cette côte – Agadir, Tan-Tan, Cap Juby, le désert mauritanien et, tout au bout, de l'autre côté du Sahara, la lointaine Dakar, l'autre monde de l'Afrique noire, avec ses savanes et ses fleuves géants. Ils n'avaient derrière eux, dans la chambre d'hôtel, qu'un maigre bagage qu'ils pouvaient renouveler partout sans difficulté. Tout en conduisant, il lui parlait du désert qu'il avait traversé lors d'une première incursion sur ce continent, de stations nocturnes sous les astres innombrables. Il lui expliqua qu'il ne s'y était jamais senti seul – il y avait une présence autour de lui, et c'est au retour, quand il avait réintégré les cités des hommes, qu'il avait connu la solitude. Mais elle ne répondit pas à cette invite, retira sa main... Ils rentrèrent dans l'après-midi, empruntant une route qui s'écartait de l'océan pour escalader les contreforts de la chaîne atlastique. C'était un autre paysage, déjà à demi montagnard, piqueté d'arganiers et de palmiers-nains sur lesquels passait la rude caresse solaire – pas une âme, et, comme par enchantement, le vent avait cessé ; la chaleur était sur eux. Leur chemin, après le passage d'un premier col, empruntait des gorges au fond desquelles un oued se roulait avec des mouvements de serpent. Le jour déclinait et ils n'étaient plus certains de l'itinéraire. L'homme conduisait lentement, frôlant des abîmes, contournant des éboulis de rocs éclatés sous l'action de la canicule et du gel, attentif au seul bruit du moteur, semblable à la plainte qu'aurait émise une créature cherchant à échapper en rampant de l'incendie universel. Que la mer était loin à présent, son souffle frais, salé, vivifiant ! Tout, autour d'eux, n'était qu'ardeur, dévoration : la lumière comme un ouragan silencieux qui eût fouaillé le corps démembré de la terre. Il leur semblait avoir changé brutalement de monde – s'être rapprochés d'un centre invisible à force d'incandescence, et, vue à partir de ce point, à travers son œil éblouissant et terrible, chaque chose pouvait à tout moment devenir la source d'un bonheur ineffable ou d'une terreur sans nom : l'arbre en équilibre sur la pente, l'oiseau saisi en son vol, la pierre au fond du torrent. L'univers était tantôt d'une intolérable réalité, tantôt s'éloignait, s'absentait en une distance qui ne rafraîchissait rien mais leur laissait aux lèvres le goût amer de la dépossession. Ils avaient soif et, bien sûr, n'avaient pas songé à emporter une réserve d'eau. Ils commencèrent à regretter le confort de leur hôtel, la fraîcheur d'Essaouira, la convivialité de sa plage. Depuis des heures qu'ils roulaient, ils n'avaient croisé aucun véhicule, ni traversé de village. La contrée, assurément magnifique, qu'ils exploraient, semblait quelque waste land désertée en masse depuis des temps immémoriaux par sa population. Sous l'effet de quelle malédiction ? Quelle menace imprécise ? Ils se taisaient, se contentant d'observer l'étrange pays où ils s'étaient aventurés, ne sachant s'ils devaient l'admirer ou le détester.

Au soir, ils parvinrent au sommet du col d'où l'on domine la chaîne entière. Pentes et ravins striés de bancs calcaires, roches blondes taillées au commencement des âges, telles les cathédrales inachevées de la géologie. Ils s'arrêtèrent, firent quelques pas le long de la route. Tout, avec le crépuscule, était devenu plus calme, plus tendre. Immobiles sous le ciel, les rares nuages semblaient des pensées qui hésitent et s'interrogent. Où était la mer ? Aussi loin que portait leur regard, et dans toutes les directions, il n'y avait que cette houle de monts bleuâtres s'en allant à l'autre houle des nuées. C'était comme si la montagne avait été suspendue à mi-chemin de la terre et du ciel. Jamais ils n'avaient éprouvé une telle solitude : l'anxiété commença à les envahir. Ils remontèrent dans la voiture, décidés à rouler toute la nuit s'il le fallait pour rejoindre la côte et la civilisation. Quelques kilomètres plus loin, comme pour ajouter à leur confusion, la route se transforma en une piste cahotante, transformation qui coïncida avec le coucher du soleil. Celui-ci jeta un dernier rayon puis disparut derrière des monts. La nuit tomba brutalement, d'une manière à laquelle les interminables crépuscules d'Essaouira ne les avaient pas préparés. Tout fut noir, opaque : les étoiles apparurent dans leur splendide indifférence, pareils à des yeux vides se désintéressant du sort de la terre. Il n'y avait pas de lune et les phares éclairaient mal les obstacles que la voiture devait éviter au dernier moment : éboulis de rocs détachés de leur paroi, lit d'oueds à sec, grosse pierre solitaire au milieu de la piste comme tombée directement du ciel. Ils roulaient de plus en plus lentement, cheminant sur ce qui leur semblait être les contreforts d'un immense plateau. Ils auraient dû depuis longtemps croiser la route Marrakech-Essaouira, mais il n'y avait toujours devant eux que cette table minérale exposée à la seule contemplation dédaigneuse des astres. L'homme alors arrêta le véhicule, décidé à attendre là, sans plus avancer, la venue du jour. Pas un bruit ; mais une lueur était apparue. Ils décidèrent d'escalader des rocs tout près de l'endroit où était garée la voiture. De là-haut peut-être pourraient-ils s'orienter ? À mesure qu'ils grimpaient la lumière s'intensifiait et quelque chose dans l'air, dans sa texture, avait changé – quelque chose sur laquelle ils ne parvenaient pas encore à mettre un nom. Enfin, ayant atteint la crête, ils purent identifier la source de cette clarté : c'étaient, dans le lointain, ne se distinguant des astres qui émaillaient la voûte que par leur couleur, les feux de l'entrée du port d'Essaouira.

III

Cette première incursion au-dehors d'Essaouira (car les îles Purpuraires appartenaient encore à la sphère swirie), en une contrée proche et cependant radicalement différente du rivage, leur fit mieux prendre mesure de la ville où ils séjournaient, et notamment de ce que leur amour lui devait. Mais en même temps elle les éloigna l'un de l'autre, comme si le fait d'avoir quitté la cité, d'avoir sacrifié – ne fût-ce qu'une journée – au démon de l'errance et du voyage, constituait la rupture d'un pacte, la transgression d'un interdit secret. Peu à peu, chacun de son côté, ils renouèrent avec des habitudes contractées du temps où ils ne se connaissaient pas. Ainsi, la jeune femme sortait maintenant seule dans la ville, tandis que son compagnon préférait garder la chambre. Habillée de la longue robe traditionnelle qui lui garantissait sécurité et tranquillité, elle allait par les ruelles géométriques qu'avait dessinées l'architecte Cornut pour le sultan Ben Abdallâh. C'était un des rares exemples au Maghreb d'une médina construite sur plan, et elle affectionnait cette alliance entre la rigueur occidentale et le souriant désordre marocain. Quelle sensation étrange aussi de penser que ses ancêtres avaient vécu là avant d'en être chassés par l'histoire ! Après tout, si les choses avaient pris un autre cours, elle aurait pu être une de ces femmes voilées qu'elle croisait dans les venelles et dont – par prudence et par jeu – elle imitait l'accoutrement. Cela lui occasionnait à chaque fois un vertige : l'impression que cohabitaient en elle deux mondes, deux cultures ; à tel point qu'avant de sortir dans la rue il lui fallait procéder à un rapide examen intérieur : qui seraitelle aujourd'hui – la Parisienne ou la Marocaine ? Elle aimait l'incertitude que lui procurait ce double clavier :

elle y voyait la possibilité d'une liberté infinie. Nourrir l'insouciance, la volupté africaines de la rigueur française – exactement comme cette ville arabe qu'avait édifiée un disciple de Vauban. Et peut-être en cela résidait le génie de la communauté à laquelle elle appartenait : ce pont que, très tôt, elle avait établi entre Nord et Sud, Occident et Orient. Bien avant les événements qui allaient les chasser de leur ville, les négociants juifs d'Essaouira – les fameux "toujar-as-sultan" – s'étaient les premiers ouverts à l'Europe, s'habillant en plein Maroc encore médiéval chez les tailleurs anglais, et faisant donner des cours de français à leurs enfants. Voici qu'un siècle plus tard leur lointaine descendante accomplissait le mouvement inverse, d'Européenne moderne redevenait une de ces juives maghrébines qu'a fixées sur la toile le pinceau de Delacroix. Parfois elle était tentée d'aller plus loin encore, de fermer à jamais derrière elle la porte sur l'Occident et d'épouser l'ancienne identité, l'ancienne condition de ses ancêtres. Vivre là au sommet des terrasses blanches, bercée par les appels des muezzins qu'emportait le vent de la mer ; ne plus rien désirer d'autre que cette station sous le ciel – réintégrer le tableau dont ses ancêtres étaient sortis pour vagabonder à la surface du monde et des choses. Mais à chaque fois, un retour sur elle-même la ramenait à plus de raison. Il n'y fallait pas songer : elle serait morte d'ennui et de langueur. Ainsi passait-elle sans cesse d'un pôle à l'autre de sa double identité, ne se décidant pour aucun, et vivant dans cet entre-deux à la fois grisant et inquiétant.

Pendant tout ce temps où elle allait par les venelles, son amant, lui, était demeuré dans la chambre, face à cette fenêtre ouverte au gouffre de la rue. Ici, tout se passait si près du ciel qu'il en oubliait peu à peu les bruits, les voix montant de la ville. Aussi loin que portait son regard, il n'y avait que cet enchevêtrement de terrasses d'où émergeaient les minarets. La mer au loin était sans vagues, lisse comme une toile bien tendue sur le châssis : à cet instant, elle n'était que cette masse élémentaire, ce dos liquide et puissant où rebondissait la lumière. Une lente éternité passait ainsi à observer le glissement des rares nuages sous le ciel de soie, la course des oiseaux, tous les mouvements et les couleurs de l'océan qui changeait imperceptiblement selon les heures. Puis, avec le début du soir, le vent se levait, le temps recommençait. Quelque part dans l'ancien mellah retentissait un premier appel de muezzin, relayé bientôt par ceux des autres mosquées. Un brouhaha d'appels, de harangues et d'enchères, venait du port, tandis qu'en contre-bas de sa vitre la rue se repeuplait. C'était l'heure qu'il aimait entre toutes : peu à peu, une autre ville, semblable à quelque Is engloutie, resurgissait des eaux du temps, affleurait sous l'agglomération réelle. Des odeurs de nuit, de sel, de rose et de poisson montaient jusqu'à lui : à cet instant, la cité n'était qu'une exhortation à descendre, à sortir, à marcher de nouveau. Mais il ne voulait pas céder à cette invite – pas encore. Il voulait habiter ce moment sans rupture où chaque chose, dans la pièce sombre, semble venir à une autre présence, à la fois plus ardente et plus pensive : il voulait l'étirer jusqu'à la douleur, jusqu'au vertige d'une pure station dans l'air calme et mauve. Il sentait Essaouira autour de lui, bourdonnante d'activité et cependant recueillie, ouverte, accueillant comme une faveur merveilleuse la brume d'or venue du large. Il aimait cette confrontation entre l'humain et l'illimité, ce combat dont le soir est la résolution : la couleur alors venait tirer chaque habitant du fond de sa maison, et voici que tous descendaient dans les rues pour s'approcher du dieu silencieux, célébrer à nouveau les noces de la ville et de la mer. Il revenait à la fenêtre : son regard s'abaissait jusqu'à l'horizon, visible à travers une anfractuosité du rempart, jusqu'à l'océan qui, à cette heure, sous sa braise liquide, semblait couver un incendie. C'était un paysage à la fois très doux et incroyablement violent : il voyait la courbe d'écume blanche du golfe, il voyait la sphère éblouissante du soleil s'enfonçant sous les eaux – tous les prestiges de cette heure intime et solennelle. Il attendrait qu'elle ait disparu pour descendre à son tour, aller se mêler à la foule qui convergeait vers le rendez-vous de la place Moulay Hassan.

Vers la fin du mois d'août, le vent se remit à souffler avec force, contraignant les amants à demeurer dans l'enceinte de la ville. Il fallut renoncer aux promenades le long de la côte, aux longues heures d'exposition au feu solaire, parfois même, quand les rafales se faisaient trop violentes, garder la chambre des après-midi entières. Puis, comme on entrait dans septembre, une première tempête, annonciatrice de celles d'équinoxe, déferla sur Essaouira. Pendant toute une nuit, la pluie et le vent cognèrent sans interruption à leur volet de bois, les empêchant de fermer l'œil. Mais au matin le temps était calme et le soleil brillait au-dessus de la citadelle comme s'il ne s'était rien passé. C'était de nouveau le grand midi qu'ils avaient connu durant tous ces jours, sous les remparts et dans les dunes. Les amants purent croire que cette fois-ci il serait éternel puisqu'il avait survécu à cette première alerte, traversé l'épreuve de cette tempête. Seule différence : un navire était maintenant ancré au large du port, semblant attendre une autorisation, voire quelque décret du destin pour se rapprocher de la côte ou au contraire appareiller. Ils n'eurent aucun mal, en se promenant sur les quais, à glaner les explications nécessaires : un cargo mixte à destination de la lointaine Dakar et que la tempête avait contraint à se dérouter. Les premiers jours, ils considérèrent cette présence comme une incongruité, le signe dérangeant d'un lointain qui, par quelque sortilège, s'était soudain rapproché, introduisant dans la sphère parfaite que composaient la ville, le ciel et la mer une sorte d'inquiétante étrangeté. Puis ils finirent par apprivoiser l'apparition : le navire ne se décidait pas à repartir et l'on disait dans le port que ses avaries étaient plus graves qu'il n'y paraissait. Bientôt, ils l'intégrèrent au spectacle qu'ils avaient chaque matin devant eux lorsqu'ils repoussaient le volet. Et, a contrario, ils se mirent à redouter son départ, le moment où il ne serait plus là, immobile et silencieux, dans un coin du paysage. Alors, se disaient-ils chacun pour soi, quelque chose manquerait et ce manque serait un signe. Mais de quoi ?

La tempête avait lavé l'air de sa poussière et de ses scories, rétabli la distance et la légèreté. Mais peut-être aussi avait-elle tué l'été au sommet de son arc. Il y avait à nouveau de belles journées, des soirs profonds – il y avait des promenades le long de la côte, des stations au sommet des remparts. Pourtant, ils sentaient bien qu'au cœur intime des choses et du temps quelque organe essentiel, quelque rouage avait été atteint, comme si la tempête, d'un seul coup, avait fait basculer au néant un pan entier de la saison, et aussi peut-être une période de leur histoire – comme si elle avait été ce basculement même. Peu à peu ils apprivoisaient l'idée que leur amour ne pouvait durer, qu'il n'était qu'une paresse et qu'une violence supplémentaires au sein de l'été le plus paresseux et le plus violent – et qu'il en suivrait donc la fortune, la courbe déclinante. Pour l'heure, ils ne voulaient pas penser à tous ces mois sombres, improbables, que le temps tenait en réserve en quelque mystique grenier. Ils se proposaient seulement d'endurer la pure épreuve de la traversée et de la mort de l'été – sans souci de ce qui pourrait advenir ensuite. Ils changèrent d'hôtel, choisirent un établissement plus moderne et plus luxueux qui donnait directement sur la plage. Le soir, ils descendaient sur le sable pour s'asseoir autour de grands feux allumés par les surfeurs qui vivent là, en bandes, une partie de l'année. L'herbe circulait. On chantait sur des guitares de vieux airs de l'époque héroïque. Pour ces chevelus au regard clair, il semblait que le temps n'avait pas passé. Ils vivaient encore à l'époque où il n'était pas impossible de croiser dans les rues d'Essaouira Brian Jones et les Rolling Stones. Vu d'Europe, cela eût paru comique aux amants. Mais pris dans la douceur du soir africain, un peu ivres aussi de kif et de punch, ils trouvaient que ces jeunes gens avaient raison. Ils avaient adopté le mode de vie qui leur convenait – au nom de quelle logique, de quel mot d'ordre lointain auraient-ils dû y renoncer ?

Ces garçons et ces filles venaient pour la plupart des villes industrielles de l'Occident. Ils avaient connu les murs noirs, les hivers interminables de l'Europe du Nord ou de la mégapole américaine. Certains avaient travaillé en usine. Ils en gardaient une rage froide et une certitude : jamais plus ils n'accepteraient l'existence qu'on leur faisait mener là-haut. Ils avaient tout quitté pour s'avancer vers la lumière, et les amants se demandaient si ce n'était pas la vraie sagesse : ne pas se laisser dicter sa vie par les nécessités économiques – ne pas tenir compte des diktats de l'opinion, de l'histoire ou de la morale… Puis ils revenaient à leur chambre où ils faisaient l'amour avant de s'endormir, bercés par le bruit des lames qui déferlaient en contre-bas sur le sable. Les feux allumés sur la plage par leurs amis se mouraient. Et il semblait aux amants que leur braise qu'attisait le vent de la nuit était l'image la plus parfaite de leur rencontre, de leur histoire liée à cette ville, et qui se déferait dès qu'ils l'auraient quittée.

Ils sortirent plus. Ils avaient découvert près de Bab Marrakech un établissement uniquement fréquenté par les Marocains, et où l'on pouvait consommer de l'alcool. Ils s'y rendaient à la nuit tombée, traversant des quartiers emplis de mystère et de silence. Le bar était en sous-sol. On y accédait par un étroit escalier grossièrement maçonné qui semblait s'enfoncer dans les entrailles de la terre. À mesure qu'on descendait, l'odeur du kif se faisait plus puissante, la lumière plus sombre, la musique plus forte. En bas, bien souvent, c'était le pandémonium : un groupe de chanteurs et danseurs gnaouas occupait une petite scène autour de laquelle gravitaient clients et serveurs dans les vapeurs d'herbe et d'alcool. Parfois, un jeune Marocain ivre se mettait à danser torse nu, au rythme lancinant, effréné, des tambours et des crotales. C'était alors un redoublement de cris, d'encouragements, d'applaudissements qui poussaient le jeune homme à se transcender, à essayer des déhanchements de plus en plus lascifs, des postures à la limite de l'obscène. À cet instant, on eût juré qu'il était possédé par quelque démon de la danse, de la drogue et de la nuit. Ses yeux roulaient dans ses orbites ; sa langue s'agitait à la manière de celle, bifide, des serpents. Enfin, parvenu à un paroxysme d'agitation et de tremblements, il s'effondrait brisé sur le sol, et les danseurs gnaouas, sautant comme des diables au centre de la piste, prenaient son relais. Les amants goûtaient cette atmosphère de délire, de transse sacrée : elle leur donnait l'impression de participer de la vie clandestine d'Essaouira et, plus profondément aussi, d'explorer le versant d'extase et d'épouvante de la vie humaine. Puis ils revenaient à leur hôtel en longeant la plage déserte. Après le vacarme des tambours c'était le contraste le plus total, c'était à nouveau la confrontation avec la puissance de l'élément, puissance d'autant plus grande et fascinante qu'elle se manifestait ici dans le calme et le silence. Ils sentaient l'air marin, porteur d'iode et de sel, s'engouffrer dans leurs poumons, en chassant les fumées du tabac et du kif. Ils tendaient leur visage dans la direction de ce lointain, de cet illimité qui venait déferler à leurs pieds. Ils accueillaient sur leur face nue la pâle lueur d'humides étoiles. Et ils auraient voulu marcher ainsi infiniment le long des vagues, laisser derrière eux la ville, le port dont les feux scintillaient faiblement dans leur dos – tous les divertissements que pouvait leur offrir la petite société humaine agglomérée sur sa presqu'île. À cet instant, s'ils avaient disposé d'une barque ou d'un navire, ils auraient embarqué sans hésitation – auraient croisé vers les îles, ou encore vers cette côte rocheuse qu'ils avaient explorée un jour déjà lointain. Qu'il eût été merveilleux, exaltant, de se laisser glisser au long de ce rivage, de ne plus apercevoir la terre que du pont vibrant d'un bateau, de ne jamais y reposer le pied, comme ces astéroïdes qui gravitent infiniment autour de leur astre sans s'y abîmer ! À ce moment, n'importe quelle folie eût été la bienvenue : ils s'étaient déshabitués de tout ; ils étaient si loin dans la profondeur qu'ils auraient pu mourir là ; ou s'élever vers les étoiles ; ou se mettre à marcher sur les eaux. Tout devenait possible, le fantastique était proche, l'invisible ouvrait sa porte d'ivoire devant eux. Puis brusquement, après cette traversée aussi longue qu'un voyage stellaire, les lumières de leur hôtel venaient à leur rencontre. Ils se résignaient alors, presqu'à contrecœur, à regagner leur chambre où ils restaient longtemps, blottis l'un contre l'autre, à méditer en silence, yeux grands ouverts dans l'ombre qui scrutaient le gouffre ténébreux de la plage.

Une de ces nuits justement, parmi toutes ces nuits enchevêtrées où ils cherchaient en vain un passage et un signe, comme ils arrivaient à l'hôtel, ils avaient entendu, venant du hall, le son d'un piano. Et tout de suite ils avaient reconnu le morceau qu'on interprétait. Ce n'était pas une musique marocaine, non plus que ces airs de variété que joue le soir, pour les touristes, un pianiste nonchalant et appointé. C'était, à cette heure et en ce lieu, la pièce la plus inattendue : une fugue de Bach interprétée par un client de l'hôtel qui, souffrant peut-être d'insomnie, s'était mis au clavier pour conjurer l'angoisse de la nuit profonde. En même temps, c'était comme si l'Europe, le vieil Occident qu'ils croyaient avoir laissé derrière eux, se rappelait à leur mémoire – leur disant : "J'ai commis bien des crimes et des erreurs, j'ai rempli le monde du fracas de mes machines et de mes armées, mais j'ai aussi produit cela, que vous ne trouverez nulle part ailleurs : cette alliance inouïe entre la plus haute rigueur et l'inspiration la plus généreuse, la plus débridée. Voilà *ma* magie, voilà *mon* génie. Est-ce que vos chanteurs gnaouas, avec leurs tambours et leurs déhanchements, sont capables de cela ?"... Les voix de la fugue disaient ce bonheur de revenir à la vie et de chanter, légères, au-dessus d'un noir abîme ; leur entrelacs savant et amoureux ne promettait rien, aucun salut, aucune révélation, sinon cette joie de dialoguer à nouveau au-dessus des gouffres. Et la ville alors, durant quelques minutes, n'avait plus été qu'un immense vaisseau stellaire conduit par les doigts du musicien vers une impossible trouée dans l'espace et le temps. C'était comme si le ciel tout entier se fut mis en mouvement, appelé par ce chant qui montait comme une fumée sonore à la rencontre des étoiles. Arrêtés au bord des vagues, les amants écoutaient déferler la musique sur la plage déserte, pareille à une grâce venue de Dieu lui-même, à une injonction de ses anges. Ils pensaient à cet homme retourné depuis tant d'années à la poussière, à ce gros bourgeois qui, entre deux maternités de ses femmes nombreuses, avait écrit un jour cela qui chantait à présent au-dessus des maisons d'une cité lointaine. Où avait-il pris cette force et cette autorité ? En quel recoin de son âme pieuse avait-il découvert cette fontaine jaillissante qui niait le pourrissement de toutes choses, qui jouait avec le devenir et, pour finir, le prenait à son propre piège en enfermant de l'éternité dans le temps – en obligeant le temps à révéler la part d'éternité qu'il recèle ? Que ne pouvaient-ils en faire autant ; que ne pouvaient-ils interpréter eux aussi la partition de leur rencontre et de leur histoire, puis revenir contents, sans souffrir, sans maudire, au gouffre d'indifférence. Tout à coup solennelle et grave, la fugue montait vers son acmé ; à un moment ses voix furent ensemble pour jeter un dernier éclat dans la nuit, pareilles à un astre condamné qui, avant de mourir, lance sa lumière aux ténèbres qui vont le dévorer. Et alors, comme le pianiste entamait la dernière cadence, les amants furent délivrés : ils surent intimement, sans se le dire l'un à l'autre, que leur histoire dans cette cité étrangère venait de s'achever. Et pour eux désormais il ne s'agit plus de sauver quoi que ce soit de leur amour, mais de tenter de correspondre à une telle fin – faire que celle-ci soit encore une amoureuse courbe, le plus beau des crépuscules sur l'horizon de leur destin.

Ce n'est pas encore l'aurore : seulement cette heure incertaine où s'amassent toute la détresse, toute la noirceur du monde. Il ne dort pas, regardant à la fenêtre le vent noir pousser les nuages au-dessus de l'immense cité, fixant cet endroit où aucune étoile ne luit jamais et qui est comme le noyau d'absolues ténèbres. La vision a bien passé : le front contre la vitre, il revoit maintenant son départ d'Essaouira. L'errance avait été la plus forte : le lieu qu'il cherchait était encore à découvrir. Enfin réparé, le grand navire glissait le long de la jetée et il se penchait seul à son bastingage. Tout en regardant la côte s'éloigner derrière lui dans un sillage d'écume et de mouettes, il se disait que le plus haut amour ne consiste pas en un piétinement à deux en quelque boue du sentiment et de la souffrance, mais bien en ce laisser-aller de l'autre dans l'inconnaissable du temps. La vie est merveilleuse à proportion de l'irrémédiable qu'elle recèle... Puis le cargo s'était mis à longer les îles Purpuraires, et il s'était souvenu de la journée déjà lointaine, paradisiaque, qu'ils y avaient passée. C'avait été un défilement cruel d'images et de sensations. Il avait revu avec une intensité extraordinaire le ciel de ce jour-là, sa lumière, la grotte où ils avaient trouvé refuge, et, pour finir, il s'était rappelé la phrase qu'au retour la jeune femme lui avait dite et que, dans le moment, il n'avait pas comprise. Et à ce souvenir il avait réalisé à quel point il l'aimait encore. Il avait senti alors quelque chose de déchirant faire irruption en lui : un trou dans la poitrine, une profondeur insoupçonnée en direction de la douleur. Mais déjà le navire, laissant derrière lui les rochers de l'archipel, ébauchait une large courbe pour gagner le large et l'exil.

Du même auteur

Chez le même éditeur

L'éternité à Taroudannt - 1999

Les silences de Marrakech - 2001

Autres éditeurs

Le pays du soir - Fondamente - 1991
Chambre haute - Édition Sables - 1995
Une ville rose et noire - roman - Fleuve noir - 1995
Le silence des villes - L'arrière-Pays - 1995
La servante claire de l'origine - A.C.O. - 1996
La fleur d'ivoire du temps - Cadratins - 1999
Une maison pour l'écume et le souffle - Multiple - 1999
La ville est comme un puits - Voix d'encre - 2000
Le piéton de Toulouse - Rando-éditions - 2000
Plein sud - roman - Arléa - 2001

NOUVEAUTÉS

Dans la même collection

Venise Venezia Venessia
de Jeanine Baude

Les eaux du Pré-au-Loup
de François-René Daillie

Les Arcs de Saint-Pierre
de Gil Jouanard

Maramures, terra incognita
de Gil Jouanard

Le Connemara, pays de l'imaginaire
de Gil Jouanard

Sonate d'automne à Montréal
de Jean-Yves Loude

Le pré des langues
de Annie Salager

Au bord du monde
de Joël Vernet

Illustration de couverture :
Sanda Nitesco

Achevé d'imprimer
par l'imprimerie Darantiere à Dijon-Quetigny
en mars 2002

Conception graphique : EDL

ISBN 2-84523-072-9
ISSN 1279-7928
N° d'impression : 22-0132

Dépôt légal 1er trimestre 2002

LES ÉDITIONS DU LAQUET
Rue Droite, près l'église - 46600 MARTEL
Tél. 05 65 37 43 54 - Fax 05 65 37 43 55

Internet : www.editions-dulaquet.fr